मेरी कविताई की आधी सदी

सन् 1929 से 1979 तक

राजकमल प्रकाशन

मेरी कविताई की आधी सदी

बच्चन

ISBN : 978-81-267-0684-6

मूल्य : ₹395

पहला संस्करण : 1981
छठा संस्करण : 2019

प्रकाशक : राजकमल प्रकाशन प्रा. लि.
1-बी, नेताजी सुभाष मार्ग, दरियागंज
नई दिल्ली-110 002

शाखाएँ : अशोक राजपथ, साइंस कॉलेज के सामने, पटना-800 006
पहली मंजिल, दरबारी बिल्डिंग, महात्मा गांधी मार्ग, इलाहाबाद-211 001
36 ए, शेक्सपियर सरणी, कोलकाता-700 017

वेबसाइट : www.rajkamalprakashan.com
ई-मेल : info@rajkamalprakashan.com

मुद्रक : बी.के. ऑफसेट
नवीन शाहदरा, दिल्ली-110 032

MERI KAVITAI KI AADHI SADI
An Anthology of poems by Dr. Harivansh Rai Bachchan
Selected by the poet himself

कविवर अनन्त कुमार 'पाषाण' को
जिन्होंने मेरी प्रथम कृति से मेरी आज तक की
रचना में सहजभावेन रस-रुचि ली है।

"आगे के सुकवि रीझिहैं तौ कविताई..."

चल चुका युग एक जीवन

[भूमिका-स्वरूप]

तुमने उस दिन
शब्दों का जाल समेट
घर लौट जाने की बन्दिश की थी।
सफल हुए?
सफल नहीं हुए
तो इरादे में कोई खोट थी।
तुमने जिस दिन जाल फैलाया था
तुमने उद्घोष किया था,
तुम उपकरण हो,
जाल फैल रहा है; हाथ किसी और के है।
तब समेटनेवाले हाथ कैसे तुम्हारे हो गये?
फिर सिमटना
इस जाल का स्वभाव ही नहीं;
सिमटता-सा कभी
इसके फैलने का ही दूसरा रूप है,
साँसों के भीतर-बाहर आने-जाने-सा,
आरोह-अवरोह के गाने-सा।
(कभी किसी के लिए सम्भव हुआ जाल-समेटा
तो उसने जाल को छुआ भी नहीं;
मन को मेटा।
कठिन तप है, बेटा!)

और घर?
वह है भी अब कहाँ!
जो शब्दों का घर बनाते हैं
वे और सब घरों से निर्वासित कर दिये जाते हैं।

पर शब्दों के मकान में रहने का
मौरूसी हक़ भी पा जाते हैं।
और,
'लौटना भी तो कठिन है चल चुका युग एक जीवन'–
अब शब्द ही घर है
घर ही जाल है
जाल ही तुम हो,
अपने से ही उलझो,
अपने से ही सुलझो,
अपने में ही गुम हो।

बच्चन

'प्रतीक्षा'
14, उत्तर-दक्षिण रास्ता दसवाँ
जुहू-पारले स्कीम, बम्बई-49
फरवरी, 1981

कविता-क्रम

मंगलारम्भ

प्रियतम, मैंने बनने को तेरी सुन्दर ग्रीवा का हार,
ललित बहिन-सी कलियाँ छोड़ीं,
भाई-से पल्लव सुकुमार,
साथ-खेलते फूल, खेलतीं-
साथ तितलियाँ विविध प्रकार,
गोद-खेलाते हुए पिता-से
पौधे का मृदु स्नेह अपार,
माता-सी प्यारी क्यारी का
सहज, सलोना, सरल दुलार,
बाल्य-सुलभ-चाञ्चल्य-चपलता
छोड़ी, बँधी नियम के तार
छोड़ा निज क्रीड़ा-शुभस्थली
शुभ्र वाटिका का घर-द्वार;
प्रियतम, बतला दे आकर्षक है क्यों इतना तेरा प्यार?

कीर

कीर, तू क्यों बैठा मन मार,
शोक बनकर साकार
शिथिल-तन, मग्न-विचार,
आकर तुझपर टूट पड़ा है किस चिन्ता का भार ?

इसे सुन पक्षी पंख पसार,
तीलियों पर पर मार,
हार बैठा लाचार
पिंजड़े के तारों से निकली मानो यह झंकार –

'कहाँ बन-बन स्वच्छन्द बिहार !
कहाँ बन्दीगृह-द्वार !'
महा यह अत्याचार
एक दूसरे का ले लेना जन्मसिद्ध अधिकार।

आदर्श प्रेम

प्यार किसी को करना, लेकिन –
कहकर उसे बताना क्या।
अपने को अर्पण करना पर –
औरों को अपनाना क्या।

गुण का ग्राहक बनना, लेकिन –
गाकर उसे सुनाना क्या।
मन के कल्पित भावों से
औरों को भ्रम में लाना क्या।

ले लेना सुगन्ध सुमनों की,
तोड़ उन्हें मुरझाना क्या।
प्रेम-हार पहनाना, लेकिन –
प्रेम-पाश फैलाना क्या।

त्याग-अंक में पलें प्रेम-शिशु
उनमें स्वार्थ बताना क्या।
देकर हृदय हृदय पाने की
आशा व्यर्थ लगाना क्या।

मधुशाला की दस रुबाइयाँ

1

जलतरंग बजता, जब चुम्बन
करता प्याले को प्याला,
वीणा झंकृत होती चलती,
जब रुनझुन साक़ीबाला,
डाँट-डपट मधुविक्रेता की
ध्वनित पखावज करती है
मधुरव से मधु की मादकता
और बढ़ाती मधुशाला।

2

हाथों में आने से पहले
नाज़ दिखायेगा प्याला,
अधरों पर आने से पहले
अदा दिखायेगी हाला,
बहुतेरे इन्कार करेगा
साक़ी आने से पहले,
पथिक, न घबरा जाना, पहले
मान करेगी मधुशाला।

3

यज्ञ-अग्नि-सी धधक रही है
मधु की भट्ठी की ज्वाला,
ऋषि-सा ध्यान लगा बैठा है
हर मदिरा पीनेवाला,

मुनि-कन्याओं-सी मधुघट ले
फिरतीं साक़ी बालाएँ,
किसी तपोवन से क्या कम है
मेरी पावन मधुशाला।

4

बार-बार मैंने आगे बढ़
आज नहीं माँगी हाला,
समझ न लेना इससे मुझको
साधारण पीनेवाला,
हो तो लेने दो, ऐ साक़ी,
दूर प्रथम संकोचों को ;
मेरे ही स्वर से फिर सारी
गूँज उठेगी मधुशाला।

5

कर ले, कर ले कंजूसी तू
मुझको देने में हाला,
दे ले, दे ले तू मुझको बस
यह टूटा-फूटा प्याला,
मैं तो सब्र इसी पर करता,
तू पीछे पछतायेगी ;
जब न रहूँगा मैं, तब मेरी
याद करेगी मधुशाला।

6

उस प्याले से प्यार मुझे जो
दूर हथेली से प्याला,
उस हाला से चाव मुझे जो
दूर अधर-मुख से हाला ;

प्यार नहीं पा जाने में है,
पाने के अरमानों में;
पा जाता तब, हाय, न इतनी
प्यारी लगती मधुशाला।

7

नहीं चाहता, आगे बढ़कर
छीनूँ औरों का प्याला,
नहीं चाहता, धक्के देकर,
छीनूँ औरों का प्याला
साक़ी, मेरी ओर न देखो
मुझको तनिक मलाल नहीं,
इतना ही क्या कम आँखों से
देख रहा हूँ मधुशाला!

8

बूँद-बूँद के हेतु कभी
तुझको तरसायेगी हाला,
कभी हाथ से छिन जायेगा
तेरा यह मादक प्याला;
पीनेवाले, साक़ी की मीठी
बातों में मत आना;
मेरे भी गुण यों ही गाती
एक दिवस थी मधुशाला!

9

मैं मदिरालय के अन्दर हूँ,
मेरे हाथों में प्याला,
प्याले में मदिरालय बिम्बित
करनेवाली है हाला;

इस उधेड़-बुन में ही मेरा
सारा जीवन बीत गया –
मैं मधुशाला के अन्दर या
मेरे अन्दर मधुशाला !

10

अपने युग में सबको अनुपम
ज्ञात हुई अपनी हाला,
अपने युग में सबको अद्‌भुत
ज्ञात हुआ अपना प्याला,
फिर भी वृद्धों से जब पूछा
एक यही उत्तर पाया –
अब न रहे वे पीनेवाले,
अब न रही वह मधुशाला !

पाँच पुकार

गूँजी मदिरालय-भर में
लो, 'पियो, पियो' की बोली!

संकेत किया यह किसने,
यह किसकी भौंहें घूमीं,
सहसा मधुबालाओं ने
मदभरी सुराही चूमीं;
फिर चलीं इन्हें सब लेकर,
होकर प्रतिबिम्बित इनमें,
चेतन का कहना ही क्या,
जड़ दीवारें भी झूमीं
सबने ज्योंही कलि-मुख की
मृदु अधर-पँखुरियाँ खोलीं,
गूँजी मदिरालय-भर में
लो, 'पियो, पियो' की बोली!

जिस अमृतमय वाणी से
जड़ में जीवन जग जाता,
रुकता सुनकर वह कैसे
रसिकों का दल मदमाता;
आँखों के आगे पाकर
अपने जीवन का सपना,
हर एक उसे छूने को
आया निज कर फैलाता!

पा सत्य, कलोल उठी कर
मधु के प्यासों की टोली,
गूँजी मदिरालय-भर में
लो, 'बढ़ो, बढो' की बोली!

सारी साधें जीवन की
अधरों में आज समायीं,
सुख, शान्ति जगत की सारी
छनकर मदिरा में आयी,
इच्छित स्वर्गों की प्रतिमा
साकार हुई, सखि, तुम हो;
अब ध्येय विसुधि, विस्मृति है,
है मुक्ति यही सुखदायी,
पल-भर की चेतनता भी
अब सह्य नहीं, ओ भोली,
गूँजी मदिरालय-भर में
लो, 'भरो, भरो' की बोली!

मधुघट कन्धों से उतरे,
आशा से आँखें चमकीं,
छल-छल कह माणिक मदिरा
प्यालों के अन्दर दमकी,
दानी मधुबालाओं ने
ली झुका सुराही अपनी,
'आरम्भ करो' कहती-सी
मधु-गन्ध चतुर्दिक् गमकी।
आशीष वचन कहने को
मधुपों की जिह्वा डोली;
गूँजी मदिरालय-भर में
लो, 'जियो, जियो' की बोली!

दो दौर न चल पाये थे
इस तृष्णा के आँगन में,
डूबा मदिरालय सारा
मतवालों के क्रन्दन में;

यमदूत द्वार पर आया
ले चलने का परवाना,

गिर-गिर टूटे घट-प्याले,
बुझ दीप गये सब क्षण में;
सब चले किये सिर नीचे
ले अरमानों की झोली;
गूँजी मदिरालय-भर में
लो, 'चलो, चलो' की बोली!

पथभ्रष्ट

है कुपथ पर पाँव मेरे
आज दुनिया की नज़र में।

पार तम के दीख पड़ता
एक दीपक झिलमिलाता,
जा रहा उस ओर हूँ मैं
मत्त - मधुमय गीत गाता,
इस कुपथ पर या सुपथ पर
मैं अकेला ही नहीं हूँ,
जानता हूँ, क्यों जगत फिर
उँगलियाँ मुझ पर उठाता –
मौन रहकर इस लहर के
साथ संगी बह रहे हैं,
एक मेरी ही उमंगें
हो उठी हैं व्यक्त स्वर में।
है कुपथ पर पाँव मेरे
आज दुनिया की नज़र में।

क्यों बताऊँ पोत कितने
पार हैं इसने लगाये,
क्यों बताऊँ वृक्ष कितने
तीर के इसने गिराये,
उर्वरा कितनी धरा को
कर चुकी यह क्यों बताऊँ,
क्यों बताऊँ गीत कितने

इस लहर ने हैं लिखाये—
कूल पर बैठे हुए कवि से
किसी दुख की घड़ी में,
क्या नहीं पर्याप्त इतना
जानना, गति है लहर में।
है कुपथ पर पाँव मेरे
आज दुनिया की नज़र में!

फल-भरे तरु तोड़ डाले
शान्त मत लेकिन पवन हो,
वज्र घन चाहे गिराये
किन्तु मत सूना गगन हो,
बढ़ बहा दे बस्तियों को
पर न हो जलहीन सरिता,
हो न ऊसर देश चाहे
कण्टकों का एक वन हो।
पाप की ही गैल पर
चलते हुए ये पाँव मेरे
हँस रहे हैं उन पगों पर
जो बँधे हैं आज घर में!
है कुपथ पर पाँव मेरे
आज दुनिया की नज़र में।

यह नहीं, सुनता नहीं, जो
शंख की ध्वनि आ रही है,
देव-मंदिर में जनों को
साधिकार बुला रही है,
कान में आतीं अज़ानें,
मस्ज़िदों का यह निमन्त्रण,

और ही सन्देश देती
किन्तु बुलबुल गा रही है !
रक्त से सींची गयी है
राह मन्दिर-मस्जिदों की,
किन्तु रखना चाहता मैं
पाँव मधु-सिंचित डगर में।
है कुपथ पर पाँव मेरे
आज दुनिया की नज़र में !

है न वह व्यक्तित्व मेरा
जिस तरफ़ मेरा क़दम हो,
उस तरफ़ जाना जगत के
वास्ते कल से नियम हो,
औलिया-आचार्य बनने की
नहीं अभिलाष मेरी,
किसलिए संसार तुझको
देख मेरी चाल ग़म हो;
जो चले युग-युग चरण ध्रुव
धर मिटे पद-चिन्ह उनके,
पद प्रकम्पित, हाय, अंकित
क्या करेंगे दो प्रहर में !
है कुपथ पर पाँव मेरे
आज दुनिया की नज़र में !

मैं कहाँ हूँ और वह
आदर्श मधुशाला कहाँ है !
विस्मरण दे जागरण के
साथ, मधुबाला कहाँ है !

है कहाँ प्याला कि जो दे
चिर तृषा चिर तृप्ति में भी!
जो डुबो तो ले मगर दे
पार कर, हाला कहाँ है!
देख भीगे होठ मेरे
और कुछ सन्देह मत कर,
रक्त मेरे ही हृदय का
है लगा मेरे अधर में!
हैं कुपथ पर पाँव मेरे
आज दुनिया की नज़र में!

सोचता है विश्व, कवि न
कक्ष में बहु विधि सजाये,
मदिर-नयना यौवना को
गोद में अपनी बिठाये,
होठ से उसके विचुम्बित
प्यालियों को रिक्त करते,
झूमते उन्मत्तता से
ये सुरा के गान गाये!
राग के पीछे छिपा
चीत्कार कह देगा किसी दिन,
हैं लिखे मधुगीत मैंने
हो खड़े जीवन-समर में!
हैं कुपथ पर पाँव मेरे
आज दुनिया की नज़र में!

पाँव चलने को विवश थे
जब विवेक-विहीन था मन,
आज तो मस्तिष्क दूषित
कर चुके पथ के मलिन कण,

मैं इसी से क्या करूँ
अच्छे-बुरे का भेद, भाई,
लौटना भी तो कठिन है
चल चुका युग एक जीवन;
हो, नियति, इच्छा तुम्हारी
पूर्ण, मैं चलता चलूँगा,
पथ सभी मिल एक होंगे
तम-घिरे यम के नगर में!
है कुपथ पर पाँव मेरे
आज दुनिया की नज़र में!

हलाहल के दस पद

1

हलाहल पीना है तो देख
न आगे क्या होगा परिणाम,
नहीं मुख से बोले अपशब्द,
पिया जब तूने मधु का जाम,
हुई मदिरा कुछ से कुछ और
मिला जब उसको तेरा स्नेह,
हलाहल के प्याले को देख
तुझे क्यों अपने पर सन्देह।

2

हलाहल में न बँटाया भाग
नहीं मैं इस पर धुनता माथ,
न पाये मुझको तुम पहचान
रहे यद्यपि इतने दिन साथ,
सुरा अपने हिस्से की दान
तुम्हें कर देता था सुख मान,
तुम्हारे हाथों से मैं छीन
मगर कर जाता विष का पान।

3

विदा ले स्वप्न गये उस देश
जहाँ से आये थे साह्लाद,
जगत का सत्य कठोर-कुरूप
मिटाता पल-पल उनकी याद,

सुरा के साथी यदि तुम लौट
कभी फिर आओगे इस ठौर,
हमें पाओगे तुम कुछ और,
हमारी दुनिया को कुछ और।

4

बनाया हमने जिसको साथ
मिटाने को स्वप्नों का राज,
अगर विधि भी होता तैयार
टूटता मै उस पर बन गाज,
ढहाते पर ये किसके हाथ
प्रणय का मेरा प्रिय आवास,
कि मैं यों बैठा हूँ चुपचाप
देखता अपना सत्यानाश।

5

आज दस वर्षों से यह पीत
चमेली खिलती एक प्रकार,
उतर आती इस पर हर साल
अनोखी एक बसन्त-बहार,
मगर आकर हर बार बसन्त
पूछता मुझसे एक सवाल,
वही क्या तुम हो सचमुच व्यक्ति
जिसे मैंने देखा परसाल!

6

न जीवन है रोने का ठौर,
न जीवन खुश होने का ठौर,
न होने का अनुरक्त, विरक्त,
अगर देखो कुछ करके गौर,

कभी तो उठती मन में बात
कि बस सब धुन-धन्धों को छोड़,
एक अचरज से मुख-दृग खोल
एकटक देखूँ जग की ओर।

7

न झिझका औ' न हुआ भयभीत,
न भागा ही ले करके प्राण,
दिखा जब मुझको आता काल
कफ़न का ले हाथों में थान,
बढ़ाया पट जब मेरी ओर
उठा, तैयार हुआ तत्काल,
निकट जो मेरे थे वरदान
दिया, पर, उसने उन पर डाल!

8

महल, मन्दिर, गुम्बद, मीनार,
मक़बरे, गढ़, खम्भे, दरबार,
मनुष्यों के सुख, दुख, अभिमान,
भीति, सुधि, श्रद्धा के आगार,
हृदय के जैसे भाव-अभाव
बसा लेते अपने में छन्द
किसी युग के विश्वास-विचार
हुए हैं पाषाणों में बन्द।

9

न मुझको मधुता ही पर्याप्त,
न मुझको कटुता ही पर्याप्त,
न ऐसे रस से ही अनुराग
न हों दोनों ही जिसमें व्याप्त,

नहीं की अन्तरतम की खोज
मगर इतना मुझको मालूम,
मुझे है जिस़ रस की दरकार
नहीं बाहर के जग में प्राप्त।

10

आसरा मत ऊपर का देख
सहारा मत नीचे का माँग,
यही क्या कम तुझको वरदान
कि तेरे अन्तस्तल में राग;
राग से बाँधे चल आकाश,
राग से बाँधे चल पाताल,
धँसा चल अन्धकार को भेद
राग से साधे अपनी चाल।

है यह पतझड़ की शाम, सखे

है यह पतझड़ की शाम, सखे !

नीलम-से पल्लव टूट गये,
मरकत-से साथी छूट गये,
अटके फिर भी दो पीत पात जीवन-डाली को थाम, सखे !
है यह पतझड़ की शाम, सखे !

लुक-छिप करके गानेवाली,
मानव से शरमानेवाली,
कू-कू कर कोयल माँग रही नूतन घूँघट अविराम, सखे !
है यह पतझड़ की शाम, सखे !

नंगी डालों पर नीड़ सघन,
नीड़ों में है कुछ-कुछ कम्पन,
मत देख ; नज़र लग जायेगी ; ये चिड़ियों के सुखधाम, सखे !
है यह पतझड़ की शाम, सखे !

भीगी रात विदा अब होती

भीगी रात विदा अब होती !

रोते-रोते रक्त-नयन हो,
पीत-वदन हो, छाया-तन हो,
पार क्षितिज के रजनी जाती अपना आँचल-छोर निचोती !
भीगी रात विदा अब होती !

प्राची से ऊषा हँस पड़ती,
विहगावलियाँ नौबत झड़तीं,
पल में निर्मम प्रकृति निशा के रोदन की सब चिन्ता खोती !
भीगी रात विदा अब होती !

हाथ बढ़ा सूरज किरणों के
पोंछ रहा आँसू सुमनों के,
अपने गीले पंख सुखाते तरु पर बैठ कपोत-कपोती !
भीगी रात विदा अब होती !

विश्व सारा सो रहा है

विश्व सारा सो रहा है !

हैं विचरते स्वप्न सुन्दर,
किन्तु इनका संग तजकर,
व्योम-व्यापी शून्यता का कौन साथी हो रहा है !
विश्व सारा सो रहा है !

भूमि पर सर, सरित्, निर्झर,
किन्तु इनसे दूर जाकर,
कौन अपने घाव अम्बर की नदी में धो रहा है !
विश्व सारा सो रहा है !

न्याय-न्यायाधीश भू पर,
पास, पर, इनके न जाकर,
कौन तारों की सभा में दुःख अपना रो रहा है !
विश्व सारा सो रहा है !

अब खँडहर भी टूट रहा है

अब खँडहर भी टूट रहा है !

गायन से गुञ्जित दीवारें,
दिखलाती हैं दीर्घ दरारें,
जिनसे करुण, कर्णकटु, कर्कश, भयकारी स्वर फूट रहा है !
अब खँडहर भी टूट रहा है !

बीते युग की कौन निशानी
शेष रही थी आज मिटानी,
किन्तु काल की इच्छा ही तो, लुटे हुए को लूट रहा है !
अब खँडहर भी टूट रहा है !

महानाश में महासृजन है,
महामरण में ही जीवन है,
था विश्वास कभी मेरा भी, किन्तु आज तो छूट रहा है !
अब खँडहर भी टूट रहा है !

चढ़ न पाया सीढ़ियों पर

चढ़ न पाया सीढ़ियों पर !

प्रात आया, भक्त आये,
पुष्प-जल की भेंट लाये,
देव-मन्दिर पहुँच पाये,
औ' उन्हें देखा किया मैं लोचनों में नीर भर-भर !
चढ़ न पाया सीढ़ियों पर !

साँझ आयी, भक्त लौटे,
भक्ति से अनुरक्त लौटे,
जान पाये चाह मेरी वे गये कितनी कुचलकर !
चढ़ न पाया सीढ़ियों पर !

सब गये जब, रात आयी,
पंथ-रज मैंने उठायी,
देवता मेरे मिले मुझको उसी रज से निकलकर !
चढ़ न पाया सीढ़ियों पर !

चाँदनी में साथ छाया

चाँदनी में साथ छाया !

मौन में डूबी निशा है,
मौन-डूबी हर दिशा है,
रात-भर में एक ही पत्ता किसी तरु ने गिराया !
चाँदनी में साथ छाया !

एक बार विहंग बोला,
एक बार समीर डोला,
एक बार किसी पखेरू ने परों को फड़फड़ाया !
चाँदनी में साथ छाया !

होठ इसने भी हिलाये,
हाथ इसने भी उठाये,
आज मेरी ही व्यथा के गीत ने सुख संग पाया !
चाँदनी में साथ छाया !

चाँद-सितारो, मिलकर गाओ

चाँद-सितारो, मिलकर गाओ !
आज अधर से अधर मिले हैं,
आज बाँह से बाँह मिली,
आज हृदय से हृदय मिले हैं,
मन से मन की चाह मिली,
चाँद-सितारो, मिलकर गाओ !

चाँद-सितारे मिलकर बोले –
कितनी बार गगन के नीचे
प्रणय-मिलन व्यापार हुआ है,
कितनी बार धरा पर प्रेयसि-
प्रियतम का अभिसार हुआ है !
चाँद-सितारे मिलकर बोले !

चाँद-सितारो, मिलकर रोओ !
आज अधर से अधर अलग है,
आज बाँह से बाँह अलग,
आज हृदय से हृदय अलग है,
मन से मन की चाह अलग,
चाँद-सितारो, मिलकर रोओ !

चाँद-सितारे मिलकर बोले –
कितनी बार गगन के नीचे
अटल प्रणय के बन्धन टूटे,
कितनी बार धरा के ऊपर
प्रेयसि-प्रियतम के प्रण टूटे !
चाँद-सितारे मिलकर बोले !

अरे है वह शरणस्थल कहाँ

अरे है वह शरणस्थल कहाँ !

जीवन एक समर है सचमुच,
पर इसके अतिरिक्त बहुत कुछ,
योद्धा भी खोजा करता है
कुछ पल को वह ठौर
युद्ध की प्रतिध्वनि नहीं जहाँ।
अरे है वह शरणस्थल कहाँ !

जीवन एक सफर है सचमुच,
पर इसके अतिरिक्त बहुत कुछ,
यात्री भी खोजा करता है
कुछ पल को वह ठौर
प्रगति यात्रा की नहीं जहाँ।
अरे है वह शरणस्थल कहाँ !

जीवन एक गीत है सचमुच,
पर इसके अतिरिक्त बहुत कुछ,
गायक भी खोजा करता है
कुछ पल को वह ठौर
मूकता भंग न होती जहाँ।
अरे है वह शरणस्थल कहाँ !

हाय, क्या जीवन यही था

हाय, क्या जीवन यही था !

एक बिजली की झलक में
स्वप्न औ' रस-रूप दीखा,
हाथ फैले तो मुझे निज
हाथ भी दिखता नहीं था।
हाय, क्या जीवन यही था !

एक झोंके ने गगन के
तारकों में जा बिठाया,
मुट्ठियाँ खोलीं, सिवा कुछ
कंकड़ों के कुछ नहीं था।
हाय, क्या जीवन यही था !

मैं पुलक उठता न सुख से,
दुःख से तो क्षुब्ध होता,
इस तरह निर्लिप्त होना
लक्ष्य तो मेरा नहीं था।
हाय, क्या जीवन यही था !

ओ मेरे यौवन के साथी

मेरे यौवन के साथी, तुम
एक बार जो फिर मिल पाते,
वन-मरु-पर्वत कठिन काल के
कितने ही क्षण में कट जाते।
ओ मेरे यौवन के साथी !

तुरत पहुँच जाते हम उड़कर,
फिर उस जादू के मधुवन में,
जहाँ स्वप्न के बीज बिखेरे
थे हमने मिट्टी में, मन में।
ओ मेरे यौवन के साथी !

सहते जीवन और समय का
पीठ-शीश पर बोझा भारी,
अब न रहा वह रंग हमारा,
अब न रही वह शक्ल हमारी।
ओ मेरे यौवन के साथी !

चुप्पी मार किसी ने झेला
और किसी ने रोकर, गाकर,
हम पहचान परस्पर लेंगे
कभी मिलें हम, किसी जगह पर।
ओ मेरे यौवन के साथी !

हम संघर्ष काल में जन्मे
ऐसा ही था भाग्य हमारा,

संघर्षों में पले, बढ़े भी,
अब तक मिल न सका छुटकारा।
ओ मेरे यौवन के साथी !

औ' करते आगाह सितारे
और बुरा दिन आनेवाला,
हमको-तुमको अभी पड़ेगा
और कड़ी घड़ियों से पाला।
ओ मेरे यौवन के साथी !

क्या कम था संघर्ष कि जिसको
बाप और दादों ने ओड़ा,
जिसमें टूटे और बने हम
वह भी था संघर्ष न थोड़ा।
ओ मेरे यौवन के साथी !

और हमारी सन्तानों के
आगे भी संघर्ष खड़ा है,
नहीं भागता संघर्षों से
इसीलिए इन्सान बड़ा है।
ओ मेरे यौवन के साथी !

लेकिन, आओ, बैठ कभी तो
साथ पुरानी याद जगायें,
सुनें कहानी कुछ औरों की
कुछ अपनी बीती बतलायें।
ओ मेरे यौवन के साथी !

ललित, राग-रागिनियों पर है
अब कितना अधिकार तुम्हारा,

दीप जला पाये तुम उनसे
बरसा सके सलिल की धारा।
ओ मेरे यौवन के साथी!

मोहन, मूर्ति गढ़ा करते हो
अब भी दुपहर, साँझ-सकारे;
कोई मूर्ति सजीव हुई भी
कहा किसी ने तुमको 'प्यारे'।
ओ मेरे यौवन के साथी!

बतलाओ, अनुकूल, कि अपनी
तूली से तुम चित्र-पटल पर
ला पाये वह ज्योति कि जिससे
वंचित सागर, अवनी, अम्बर।
ओ मेरे यौवन के साथी!

मदन, सिद्ध हो सकी साधना
जो तुमने जीवन में साधी;
किसी समय तुमने चाहा था
बनना एक दूसरा गाँधी।
ओ मेरे यौवन के साथी!

और कहाँ, महबूब, तुम्हारी
नीली आँखोंवाली जोहरा,
तुम जिससे मिल ही आते थे,
दिया करे सब दुनिया पहरा।
ओ मेरे यौवन के साथी!

क्या अब भी है याद तुम्हें
चुटकले, कहानी-किस्से, प्यारे,

जिन पर फूल उठा करते थे
हँसते-हँसते पेट हमारे।
ओ मेरे यौवन के साथी !

हमें समय ने तोला, परखा,
रौंदा, कुचला या ठुकराया,
किन्तु नहीं वह मीठी-प्यारी
यादों का दामन छू पाया।
ओ मेरे यौवन के साथी !

अक्सर मन बहलाया करता
मैं यों करके याद तुम्हारी,
तुमको भी क्या आती होगी
इसी तरह से याद हमारी।
ओ मेरे यौवन के साथी !

मैं वह, जिसने होना चाहा
था रवि ठाकुर का प्रतिद्वन्द्वी,
और कहाँ मैं पहुँच सका हूँ
बतलायेगी यह तुकबन्दी।
ओ मेरे यौवन के साथी !

अर्थ भूख का

... पड़ा काल बंगाल भूमि पर
और पढ़ा पत्रों में मैंने
कैसे भूखों के दल के दल
गहना-गुरिया, बर्तन-भाँड़ा,
गैया-गोरू, बैल-बछेरू
बोरी-बँधना, कपड़ा-लत्ता,
ज़र-जमीन सब बेच-बाचकर,
पुश्तैनी घर-बार छोड़कर
चले आ रहे हैं कलकत्ता।

कैसे भूखों के दल के दल
दर-दर मारे-मारे फिरते,
दाने-दाने को बिललाते,
ग्रास-ग्रास के लिए तरसते,
कौर-कौर के लिए तड़पते,
मौत मर रहे हैं कुत्तों की,
अरे नहीं,
कुत्ता भी मरता नहीं इस तरह;
मौत मर रहे हैं कीड़ों की,
या इनसे भी निम्न कोटि की
(उफ़, मनुष्य के महापतन की
बनी न सीमा!)

और सुना जब मैंने यह भी,
भूखे देखे गये छीनकर

बच्चों से निज रोटी खाते
या कि बेचते उनकों हाटों
में कुछ ताँबे के टुकड़ों पर,
जिससे दो दिन और जियें वे
पशु का जीवन,
और फिरें फिर
घूरों पर,
कूड़ाखानों पर,
और अधिक गन्दी जगहों पर,
उठा दाँत से लेने को यदि
कोई दाना वहाँ पड़ा हो –
मानवता को निन्दित करते,
लज्जित करते,
मानव को मानव संज्ञा से
वंचित करते...

तब मैंने यह कहा कि हमने
अर्थ भूख का अभी न जाना,
हमें भूख का अर्थ बताना,
भूखो, इसको आज समझ लो,
मरने का यह नहीं बहाना !

फिर से जीवित
फिर से जाग्रत
फिर से उन्नत
होने का है भूख निमन्त्रण,
है आवाहन।

भूख नहीं दुर्बल, निर्बल है
भूख सबल है,

भूख प्रबल है
भूख अटल है

भूख कालिका है, काली है,
या काली सर्वभूतेषु
क्षुधारूपेण संस्थिता,
नमस्तस्यै, नमस्तस्यै,
नमस्तस्यै, नमोनमः !

भूख प्रचण्ड शक्तिशाली है,
या चण्डी सर्वभूतेषु
क्षुधारूपेण संस्थिता,
नमस्तस्यै, नमस्तस्यै,
नमस्तस्यै, नमोनमः !

भूख अखण्ड शौर्यशाली है,
या देवी सर्वभूतेषु
क्षुधारूपेण संस्थिता,
नमस्तस्यै, नमस्तस्यै,
नमस्तस्यै, नमोनमः !

भूख भवानी भयावनी है,
अगणित पद, मुख, कर वाली है,
बड़े विशाल उदर वाली है।
भूख धरा पर जब चलती है,
वह डगमग-डगमग हिलती है।
वह अन्याय चबा जाती है,
अन्यायी को खा जाती है,

और निगल जाती है पल में
आततायियों का दुःशासन,
हड़प चुकी अब तक कितने ही
अत्याचारी सम्राटों के
छत्र, किरीट, दण्ड, सिंहासन !...

जुगनू

अँधेरी रात में दीपक
जलाये कौन बैठा है !

उठी ऐसी घटा नभ में
छिपे सब चाँद औ' तारे,
उठा तूफ़ान वह नभ में
गये बुझ दीप भी सारे;
मगर इस रात में भी लौ
लगाये कौन बैठा है !
अँधेरी रात में दीपक
जलाये कौन बैठा है !

गगन में गर्व से उठ-उठ,
गगन में गर्व से घिर-घिर,
गरज कहती घटाएँ हैं
नहीं होगा उजाला फिर;
मगर चिर ज्योति में निष्ठा
जमाये कौन बैठा है !
अँधेरी रात में दीपक
जलाये कौन बैठा है !

तिमिर के राज का ऐसा
कठिन आतंक छाया है,
उठा जो शीश सकते थे
उन्होंने सिर झुकाया है;

मगर विद्रोह की ज्वाला
जलाये कौन बैठा है !
अँधेरी रात में दीपक
जलाये कौन बैठा है !

प्रलय का सब समाँ बाँधे
प्रलय की रात है छायी,
विनाशक शक्तियों की इस
तिमिर के बीच बन आयी ;
मगर निर्माण में आशा
दृढ़ाये कौन बैठा है !
अँधेरी रात में दीपक
जलाये कौन बैठा है !

प्रभंजन मेघ, दामिनि ने
न क्या तोड़ा, न क्या फोड़ा,
धरा के और नभ के बीच
कुछ साबुत नहीं छोड़ा ;
मगर विश्वास को अपने
बचाये कौन बैठा है !
अँधेरी रात में दीपक
जलाये कौन बैठा है !

प्रलय की रात में सोचे
प्रणय की बात क्या कोई,
मगर पड़ प्रेम-बन्धन में
समझ किसने नहीं खोयी,
किसी के पन्थ में पलकें
बिछाये कौन बैठा है !
अँधेरी रात में दीपक
जलाये कौन बैठा है !

निर्माण

नीड़ का निर्माण फिर-फिर,
नेह का आह्वान फिर-फिर !

वह उठी आँधी कि नभ में
छा गया सहसा अँधेरा,
धूलि धूसर बादलों ने
भूमि को इस भाँति घेरा,
रात-सा दिन हो गया, फिर
रात आयी और काली,
लग रहा था अब न होगा
इस निशा का फिर सबेरा,
रात के उत्पात-भय से
भीत जन-जन, भीत कण-कण,
किन्तु प्राची से उषा की
मोहिनी मुस्कान फिर-फिर !
नीड़ का निर्माण फिर-फिर,
नेह का आह्वान फिर-फिर !

वह चले झोंके कि काँपे
भीम कायावान भूधर,
जड़ समेत उखड़-पुखड़कर
गिर पड़े, टूटे विटप वर,
हाय, तिनकों से विनिर्मित
घोंसलों पर क्या न बीती,
डगमगाये जबकि कंकड़,

ईंट, पत्थर के महल-घर;
बोल आशा के विहंगम,
किस जगह पर तू छिपा था,
जो गगन पर चढ़ उठाता
गर्व से निज तान फिर-फिर !
नीड़ का निर्माण फिर-फिर,
नेह का आह्वान फिर-फिर !

क्रुद्ध नभ के वज्र-दन्तों
में उषा है मुस्कराती,
घोर गर्जनमय गगन के
कण्ठ में खग-पंक्ति गाती;
एक चिड़िया चोंच में तिनका
लिये जो जा रही है,
वह सहज में ही पवन
उञ्चास को नीचा दिखाती !
नाश के दुख से कभी
दबता नहीं निर्माण का सुख,
प्रलय की निस्तब्धता से
सृष्टि का नव गान फिर-फिर !
नीड़ का निर्माण फिर-फिर,
नेह का आह्वान फिर-फिर !

कर्त्तव्य

देवि, गया है जोड़ा यह जो
मेरा और तुम्हारा नाता,
नहीं तुम्हारा मेरा केवल,
जग-जीवन से मेल कराता।

दुनिया अपनी, जीवन अपना,
सत्य, नहीं केवल मन-सपना,
मन-सपने-सा इसे बनाने
का, आओ, हम-तुम प्रण ठानें।

जैसी हमने पायी दुनिया,
आओ, उससे बेहतर छोड़ें,
शुचि-सुन्दरतर इसे बनाने
से मुँह अपना कभी न मोडें।

क्योंकि नहीं बस इससे नाता
जब तक जीवन-काल हमारा,
खेल, कूद, पढ़, बढ़ इसमें ही
रहने को है लाल हमारा।

यह कौन चाहता है बापूजी की काया

यह कौन चाहता है बापूजी की काया
कर शीशे की ताबूत-बद्ध रख ली जाये,
जैसे रक्खी है लाश मास्को में अब तक
लेनिन की, रशिया
के प्रसिद्धतम
नेता की।

हम बुत-परस्त मशहूर भूमि क़े ऊपर हैं,
शव-मोह मगर हमने कब ऐसा दिखलाया,
क्या राम, कृष्ण, गौतम, अशोक या अकबर की
हम अगर चाहते
लाश नहीं रख
सकते थे।

आत्मा की अजर-अमरता के हम विश्वासी,
काया को हमने जीर्ण वसन बस माना है,
इस महामोह की बेला में भी क्या हमको
वाजिब अपनी
गीता का ज्ञान
भुलाना है !

यह गाँधी मरकर पड़ा नहीं है धरती पर

यह गाँधी मरकर पड़ा नहीं है धरती पर,
यह उसकी काया, काया होती है नश्वर,
गाँधी संज्ञा वह जो है जग में अजर-अमर,
दी उसने केवल
जीवन की
चादर उतार।

सुर, नर, मुनि इसको अपने तन पर लेते हैं,
दुनिया ही ऐसी है—मैली कर देते हैं,
कुछ ओढ़ जतन से ज्यों की त्यों धर देते हैं,
दी उसे तपोधन
गाँधी ने तप
से सँवार।

मरना जीवन की एक बड़ी लाचारी है,
उसके आगे खिल्कत ने मानी हारी है,
बापू का मरना जीने की तैयारी है,
बापू का मरना
सौ जीने से
जोरदार।

मैं प्रतिध्वनि सुन चुका, ध्वनि खोजता हूँ

मैं प्रतिध्वनि सुन चुका, ध्वनि खोजता हूँ।

मौन मुखरित हो गया, जय हो प्रणय की,
पर नहीं परितृप्त है तृष्णा हृदय की,
पा चुका स्वर, आज गायन खोजता हूँ;
मैं प्रतिध्वनि सुन चुका, ध्वनि खोजता हूँ।

तुम समर्पण बन भुजाओं में पड़ी हो,
उम्र इन उद्भ्रान्त घड़ियों की बड़ी हो,
पा गया तन, आज मैं मन खोजता हूँ;
मैं प्रतिध्वनि सुन चुका, ध्वनि खोजता हूँ।

है अधर में रस मुझे मदहोश कर दो,
किन्तु मेरे प्राण में सन्तोष भर दो
मधु मिला है, मैं अमृतकण खोजता हूँ;
मैं प्रतिध्वनि सुन चुका, ध्वनि खोजता हूँ।

जी उठा मैं, और जीना प्रिय बड़ा है,
सामने, पर, ढेर मुरदों का पड़ा है,
पा गया जीवन, सजीवन खोजता हूँ;
मैं प्रतिध्वनि सुन चुका, ध्वनि खोजता हूँ।

वह एक दिवस को आयी थी

वह एक दिवस को आयी थी
पर कितनी मादक यादों से
भर गयी भवन, भर गयी हृदय।

यह द्वार वही जिसने उसके
आते ही उसके पग चूमे,
ये गलियारे, दे गलबाँहीं
जिममें हम हँस-हँसकर घूमे,

इन कमरों की दीवारों के
मुख होता तो वे रच देतीं

ऐसी कविता जिसको सुनकर
धरती नाचे, अम्बर झूमे !

उसके बतियाने, गाने के
उसके हँसने के निर्मल स्वर–
से, घर प्रतिपल गूँजा करता,
अन्तर में हैं लहराती लय।

वह एक दिवस को आयी थी
पर कितनी मादक यादों से
भर गयी भवन, भर गयी हृदय।

जब कल स्वागत कर विहँसा था
तो आज विदा दे रोया भी,
कुछ घड़ियों के अन्दर-अन्दर
मैंने क्या पाया, खोया भी,

अन्दाज लगा सकना इसका
मेरे तो बस की बात नहीं,
अब तक हूँ मैं जैसे कोई
कुछ जागा भी, कुछ सोया भी;
कुछ-कुछ सच-सी, कुछ सपने-सी
बीती घटनाएँ लगती हैं,
लगता जैसे पी बैठा हूँ
कुछ-कुछ मधुमय, कुछ-कुछ विषमय।
वह एक दिवस को आयी थी
पर कितने हर्ष-विषादों से
भर गयी भवन, भर गयी हृदय।

विश्वास न था मेरें मन को
आनेवाले अगले पल पर,
वह बोली, किसका 'आज' मधुर,
सबकी आशा, पगले, 'कल' पर,
कल का उसने मेरे आगे
कैसा बढ़िया खाका खींचा,
स्वर्गों से स्वप्न उतरते थे
उसकी बातों पर झलमल कर;
उम्मीदें ऐसी बँधवा दीं
अब मैं बैठा रह सकता हूँ,
उनको सेता तब तक जब तक
लेता है अन्तिम साँस समय
वह एक दिवस को आयी थी
पर कितने अद्भुत वादों से
भर गयी भवन, भर गयी हृदय।
वह एक दिवस को आयी थी
पर कितनी मादक यादों से
भर गयी भवन, भर गयी हृदय।

हुई गुलाल मेघमाल अस्त जब

हुई गुलाल मेघमाल अस्त जब,
विहंग वृक्ष में छिपे समस्त जब,
हुआ अशब्द और स्तब्ध जब गगन
मुखर चरण
ध्वनित हुए
झनन-झनन !

गगन खड़ा हुआ विशाल ताल में,
गगन सुबद्ध भूमि अंकमाल में,
चटुल युगल तरंग में मगन-मगन,
सुवर्ण
किंकिणी बजी
छनन-छनन !

अभी तलक अटूट नींद रात की,
खुली अभी नहीं पलक प्रभात की,
प्रसुप्त गुप्त नीड़ में मलय पवन,
खनक उठे
कनक-वलय
खनन-खनन !

तुमको छोड़ कहीं जाने को…

तुमको छोड़ कहीं जाने को आज हृदय स्वच्छन्द नहीं है।

रोमराजि पहले गिन डालूँ
तब तन के बन्धन बतलाऊँ,
नाम दूसरा मन का बन्धन
कैसे दोनों को अलगाऊँ,
नित्य वचन की गाँठ जोड़ती
मेरी रसना—मेरी रचना,
तुमको छोड़ कहीं जाने को आज हृदय स्वच्छन्द नहीं है।

तुमसे नाता जोड़ अवनि से
ले अम्बर पर्यन्त तुम्हारा
जो था सबकी ओर ललककर
मैंने अपना हाथ पसारा,
नीति नियम के ऊपर उठकर
तुमने ही यह बात कही थी
मेरे कानों में, 'तू कवि है, तुझपर कुछ प्रतिबन्ध नहीं है।'
तुमको छोड़ कहीं जाने को आज हृदय स्वच्छन्द नहीं है।

रूप, रंग, रस, गन्ध सना तो
मुझसे कोई पाप हुआ क्या,
उस दिन का आदेश तुम्हारा
हाय राम, अभिशाप हुआ क्या?
अपने मन को समझ तुम्हारा
ही तो मैंने दुलराया था,

मेरे भाल कलंक तुम्हारे हाथ लगाया चन्दन ही है।
तुमको छोड़ कहीं जाने को आज हृदय स्वच्छन्द नहीं है।

मेरी दुर्बलता के पल को
याद तुम्हीं करुणाकर आते,
अपनी करुणा के क्षण में तुम
मेरी दुर्बलता बिसराते,
बुद्धि बिचारी गुमसुम हारी,
साफ़ बोलता पर चित मेरा–
मेरे पाप तुम्हारी करुणा में कोई सम्बन्ध कहीं ... है।
तुमको छोड़ कहीं जाने को आज हृदय स्वच्छन्द नहीं है।

हो चुका है चार दिन मेरा तुम्हारा

हो चुका है चार दिन मेरा तुम्हारा
हेम हंसिनि, और इतना भी यहाँ पर कम नहीं है।

एक आँधी है उठी गर्दोगुबारी
औ' इसी के साथ उड़ जाना मुझे है,
जानता मैं हूँ नहीं, कोई नहीं है,
कब तुम्हारे पास फिर आना मुझे है,
यह विदा का नाम ही होता बुरा है
डूबने लगती है तबीयत, किन्तु सोचो--
हो चुका है चार दिन मेरा तुम्हारा,
हेम हंसिनि, और इतना भी यहाँ पर कम नहीं है।

मैं निराला था, निराले देश आया
औ' निराली ही लिये चाहें, उमंगें,
पर मिलीं खुलकर सलिल-बल्कल नलिनियाँ
और बाँहें खोल जल-कुन्तल तरंगें,
बीच जिनके हम फिरे स्वच्छन्द होकर
और जिन पर झूम झूले और तैरे, किन्तु मुझको,
हम अलग होने चले हैं जब हमारा
हर्ष सीमा छू रहा है, लेश इसका गम नहीं है।
हो चुका है चार दिन मेरा तुम्हारा,
हेम हंसिनि, और इतना भी यहाँ पर कम नहीं है।

क्या प्रतीक्षा हम करेंगे उस घड़ी की
एक दिल से दूसरा जब ऊब जाये,
जिस खुशी के बीच में हम डूबते हैं

जब हमारे बीच में वह डूब जाये,
आग चुम्बन से निकलती है हमारे
और बिजली दौड़ती आलिंगनों में,
अलविदा का वक्त है यह, जब हमारे
बीच शंका है नहीं, सन्देह, भय या भ्रम नहीं है।
हो चुका है चार दिन मेरा तुम्हारा
हेम हंसिनि, और इतना भी यहाँ पर कम नहीं है।

पंख चाँदी के मिले हों या कि सोने
के मिले हों, एक दिन झड़ते अचानक,
औ' सभी को देखनी पड़ती किसी दिन,
जड़ प्रकृति की एक सच्चाई भयानक,
किन्तु उनके वास्ते रोयें उन्हें जो
बैठ सहलाते रहे हैं, किन्तु उनसे जो बसन्ती
बात बहलाते, बवण्डर सात दहलाते
रहे हैं, जिन्दगी उनके लिए मातम नहीं है।
हो चुका है चार दिन मेरा तुम्हारा,
हेम हंसिनि, और इतना भी यहाँ पर कम नहीं है।

चाँद और बिजली की रोशनी

मैंने देखा था,
तुमने भी तो देखा था,
जब चाँद हमारे घर के अन्दर आया था,
जब सचमुच चाँद हमारे घर में आया था।

बिजलीघर का
कुछ ऐसा पुर्ज़ा टूटा था,
सड़कें थीं पड़ी अँधेरी,
घर थे अन्धकार में खड़े,
गड़ा सम्पूर्ण नगर था
तम में, ग़म में;
उजियाले के साथ ज़िन्दगी, खुशी जुड़ी है।

हम पिछली बार
झगड़कर ऐसे अलग हुए थे,
इतना कटु-अप्रिय कहकर
थी मुझको आशा नहीं
कि तुम फिर आओगी
मेरे घर मुझसे मिलने को।
उस अन्धकार ने
छिपा दिया था कुछ ऐसा
जिसके रहते
हम कभी नहीं मिल सकते थे
बेहिचक-झिझक।

तुम आयीं तो

हम इस प्रकार बैठे-बोले,
जैसे हम पिछली बार लड़े थे सपने में,
जो अपने पर लज्जित होकर
है जाकर छिपा अँधेरे में;
जो धुँधला होकर
लुप्त हो गया है
अतीत के अन्तर में;
जो बीत गयी सो बात गयी।

सहसा यह मुझको लगा
कि कोई झाँक रहा है खिड़की से।
जब दो प्रेमी
जा कहीं बैठते हैं
अपने अस्फुट शब्दों से
अपने शत-शत भावों को
मुखरित करने की कोशिश में,
सौ निर्जन हो,
कोई आ वहाँ टपकता है,
रस में विष-सा।

जिस जगह यज्ञ होता,
राक्षस आ ही जाते।

मुड़कर देखा
कंचन का चन्दा
खड़ा हुआ था खिड़की में,
तस्वीर की तरह जड़ा
चौखटे के भीतर।
विस्मय का क्षण !
कमरे की दीवारों ने

जैसे बाँहें फैला घेरा था
आकाशी कोना चन्दा का !

मैंने तुमको
सहसा बाँहों में बाँध लिया,
अधरों पर चुम्बन करते ही,
घटना देखो, बिजली आयी।
दो क्षीर सीकरों पर जैसे
काँजी का सागर उमड़ पड़ा।
हम हुए अलग,
आँखों में पिछला झगड़ा
फिर हो गया सजग,
बीती थी बीत नहीं पायी।
"गल्ती की फिर से तुम्हें मिली।"
"गल्ती की फिर से तुम्हें मिला।"
हम हुए अलग।
तब नहीं,
राक्षस अब आया था,
आना ही था।

कमरे की सिमटी दीवारें,
चन्दा अम्बर में चला गया,
तुम चली गयीं –

बिजली को करके बन्द
रहा कुछ देर खड़ा
मैं कमरे में।
अब चाँद नहीं,
चाँदनी आ रही थी अन्दर;
वह व्यंग्य कर रही थी

अब उस अँधियारे पर
जिसमें तुमने,
जिसमें मैंने
सब कटु-अप्रिय,
सारा विषमय बिसराया था !

मैंने देखा था,
तुमने भी तो देखा था,
जब चाँद हमारे घर के अन्दर आया था,
जब चाँद हमारे घर से बाहर चला गया !

बावली-सी घूमती थी वह···

बावली-सी घूमती थी वह, उसे मैं देखते ही हो गया आसक्त !

काकुलें छिटकी हुई थीं भाल पर औ'
गाल पर नागिन सरीखी,
किन्तु शासन में उन्हें रक्खे हुए थी
चमचमाती आँख तीखी,
और जिस संसार में हर शख्स अपने
पाँव को आगे बढ़ाता,
बाद को, पहले इरादे औ' निगाहें
लक्ष्य के ऊपर लगाता,
वह ठहरती और फिरती थी किन्हीं
अज्ञात हाथों की चलायी !
बावली-सी घूमती थी वह, उसे मैं देखते ही हो गया आसक्त !

इस गली से, उस गली से, घूर से इस
ढूह से उस, क्यों न जाने
कंकड़ों को जा-बजा वह चुन रही थी
हों कि जैसे वे खजाने,
था जिन्हें फेंका जगत ने जानकर
बेकार कूड़े की जगह पर,
किन्तु जिनकी कीमतें वह जानती थी
औ' सँजोती थी परखकर,
आ गयी बाजार में वह, और चारों
ओर उसके भीड़ छायी,

दर्शकों की ; कम नबी के हों भले, पर अजनबीपन के बहुत-से भक्त।
बावली-सी घूमती थी वह, उसे मैं देखते ही हो गया आसक्त!

खोलकर झोली निकाला एक उसने
लाल पानी का कटोरा,
और संचित कंकड़ों में से उठाकर
एक उसके बीच बोरा,
    और जब उसने निकाला तब हथेली
    पर उजाला हो गया था,
    उस कलुष अपरूप कंकड़ की जगह पर
    एक माणिक ही नया था,
    सब चकित-चुप थे कि मैंने प्रश्न पूछा,
    'हो क्षमा मेरी ढिठाई,
    क्या बताओगी कि माणिक में समायी
    कौन से द्रव की ललाई'
कान में उसने बताया, 'इस कटोरे में भरा है सिर्फ कवि का रक्त !'
बावली-सी घूमती थी वह, उसे मैं देखते ही हो गया आसक्त!

आज तुम घायल मृगी-सी आ रही हो···

आज तुम घायल मृगी-सी आ रही हो,
मैं न खोलूँ द्वार कैसे !

एक दिन घायल हरिण-सा मैं तुम्हारे
द्वार पर आया हुआ था,
श्वेत सरसिज-पंखुरी-सी उँगलियों से,
पर, नहीं तुमने छुआ था;
घाव तो भरता समय, संवेदनाएँ
भाव पर मरहम लगातीं
आज तुम घायल मृगी-सी आ रही हो,
मैं न खोलूँ द्वार कैसे !

मैं अचानक ही भयानक जग-अरण्यक
में विचरता आ गया था,
किन्तु उसकी नीति-रीति न जानता था
एकदम भोला, नया था,
एक अनजानी दिशा से तीर आया,
बिंध गया, मैं छटपटाया;
क्रूरता इतनी जहाँ पर है, न होगा
उस जगह पर प्यार कैसे !
आज तुम घायल मृगी-सी आ रही हो,
मैं न खोलूँ द्वार कैसे !

और जब तुमने न पूछी बात, समझा
मैं कि धोखा रहा हूँ,

जिन कपाटों पर कड़े जँदरे जड़े हैं
मैं उन्हें खड़का रहा हूँ ;
और अंब मैं जानता हूँ वे किसी की
चोट से ही टूटते हैं;
जिस किसी ने चोट पर चोटें सही हों,
वह बनेगा मर्द पहरेदार कैसे !
आज तुम घायल मृगी-सी आ रही हो,
मैं न खोलूँ द्वार कैसे !

स्वागतम् सबको सुनाकर कह रहा हूँ,
स्नेह लो, संवेदना लो,
हाथ मेरा दाग़ से डरता नहीं है,
रक्त की धारा धुला लो;
यह समय का तीर लगता है सभी को,
शुक्रिया इसके लिए है;
कर गया मानव मुझे जो, मैं न उसका
मानता आभार कैसे !
आज तुम घायल मृगी-सी आ रही हो,
मैं न खोलूँ द्वार कैसे !

औ' न अपना दोष देखो, औ' न मेरा
गुण सराहो आर्द्रनयने,
तीर तुमको ही प्रथम लगता अगर तो
मैं न करता, आर्त बयने,
ठीक वैसा ही कि तुमने जो किया था।
जानता कोई नहीं है–
कब, कहाँ पर, कौन पोंछेगा, किसी के
आँसुओं की धार कैसे !
आज तुम घायल मृगी-सी आ रही हो,
मैं न खोलूँ द्वार कैसे !

पगला मल्लाह

[उत्तर प्रदेश की एक लोकधुन पर आधारित]

डोंगा डोले,
नित गंग-जमुन के तीर,
डोंगा डोले।

आया डोला,
उड़न खटोला,
एक परी परदे से निकली पहने पँचरँग चीर।
डोंगा डोले
नित गंग-जमुन के तीर,
डोंगा डोले।

आँखें टक-टक,
छाती धक-धक,
कभी अचानक ही मिल जाता दिल का दामनगीर।
डोंगा डोले,
नित गंग-जमुन के तीर,
डोंगा डोले।

नाव बिराजी,
केवट राजी,
डाँड छुई-भर, बस आ पहुँची संगम पर की भीर।
डोंगा डोले,
नित गंग-जमुन के तीर,
डोंगा डोले।

मन मुसकायी,
उतर नहायी,
'आगे पाँव न देना, रानी, पानी अगम-गभीर।'
डोंगा डोले,
नित गंग-जमुन के तीर,
डोंगा डोले।

बात न मानी,
होनी जानी,
बहुत थहायी हाथ न आयी, जादू की तस्वीर।
डोंगा डोले,
नित गंग-जमुन के तीर,
डोंगा डोले।

इस तट, उस तट,
पनघट, मरघट,
बानी अटपट,
हाय, किसी ने कभी न जानी माँझी-मन की पीर।
डोंगा डोले,
नित गंग-जमुन के तीर,
डोंगा डोले। डोंगा डोले। डोंगा डोले।···

तुम्हारी नाट्यशाला

काम जो तुमने कराया, कर गया;
जो कुछ कहाया, कह गया।

यह कथानक था तुम्हारा
और तुमने पात्र भी सब चुन लिये थे,
किन्तु उनमें थे बहुत-से
जो अलग ही टेक अपनी धुन लिये थे,
और अपने आपको अर्पण
किया मैंने कि जो चाहो बना दो;
काम जो तुमने कराया, कर गया;
जो कुछ कहाया, कह गया।

मैं कहूँ कैसे कि जिसके
वास्ते जो भूमिका तुमने बनायी,
वह ग़लत थी; कब किसी की
छिप सकी कुछ भी, कहीं, तमसे छिपायी;
जब कहा तुमने कि अभिनय में
बड़ा वह जो कि अपनी भूमिका से
स्वर्ग छू ले, बँध गयी आशा सभी की,
दम्भ सबका बह गया।
काम जो तुमने कराया, कर गया;
जो कुछ कहाया, कह गया।

आज श्रम के स्वेद में डूबा
हुआ हूँ, साधना में लीन हूँ मैं,

आज मैं अभ्यास में ऐसा
जुटा हूँ, एक क्या दो-तीन हूँ मैं,
किन्तु जब पर्दा गिरेगा
मुख्य नायक-सा उभरता मैं दिखूँगा;
ले यही आशा, नियन्त्रण
और अनुशासन तुम्हारा सह गया।
काम जो तुमने कराया, कर गया;
जो कुछ कहाया, कह गया।

मंच पर पहली दफ़ा मुँह
खोलते ही हँस पड़े सब लोग मुझ पर,
क्या इसी के वास्ते तैयार
तुमने था किया मुझको, गुणागर;
आख़िरी यह दृश्य है जिसमें
मुझे कुछ बोलना है, डोलना है,
और दर्शक हँस रहे हैं,
अब कहूँगा, थी मुझी में कुछ कमी जो
मैं तुम्हारी नाट्यशाला में
विदूषक मात्र बनकर रह गया।

काम जो तुमने कराया, कर गया;
जो कुछ कहाया, कह गया।

शहीद की माँ

इसी घर से
एक दिन
शहीद का जनाजा निकला था,
तिरंगे में लिपटा,
हजारों की भीड़ में।
काँधा देने की होड़ में
सैकड़ों के कुर्ते फटे थे,
पुट्ठे छिले थे।
भारतमाता की जय,
इन्कलाब जिन्दाबाद,
अंग्रेजी सरकार मुर्दाबाद
के नारों में शहीद की माँ का रोदन
डूब गया था।
उसके आँसुओं की लड़ी
फूल, खील, बताशों की झड़ी में
छिप गयी थी,
जनता चिल्लायी थी –
तेरा नाम सोने के अक्षरों में लिखा जायेगा।
गली किसी गर्व से
दिप गयी थी।

इसी घर से
तीस बरस बाद
शहीद की माँ का जनाजा निकला है,

तिरंगे में लिपटा नहीं,
(क्योंकि वह खास-खास
लोगों के लिए विहित है।)
केवल चार काँधों पर,
'राम नाम सत्य है,
गोपाल नाम सत्य है'
के पुराने नारों पर;
चर्चा है, बुढ़िया बेसहारा थी,
जीवन के कष्टों से मुक्त हुई,
गली किसी राहत से
छुई-छुई।

बुद्ध के साथ एक शाम

रक्तरंजित साँझ के
आकाश का आधार लेकर
एक पत्रविहीन तरु
कंकाल-सा आगे खड़ा है।
टुनगुनी पर नीड़ शायद चील का,
ख़ासा बड़ा है।

एक मोटी डाल पर है
एक भारी चील बैठी
एक छोटी चिड़ी पंजों से दबाये
जो कि रह-रह पंख
घबराहट-भरी असमर्थता से
फड़फड़ाती,
छुट न पाती,
चील कटिया-सी नुकीली चोंच से
है बार-बार प्रहार करती,
नोचकर पर डाल से नीचे गिराती,
मांस खाती,
मोड़ गर्दन
इस तरफ़ को, उस तरफ़ को
देख लेती;
चार कायर काग चारों ओर
मँडलाते हुए हैं शोर करते।
दूर पर कुछ मैं खड़ा हूँ।

किन्तु लगता डाल पर मैं ही पड़ा हूँ;
एक भीषण गरुड़ पक्षी
मांस मेरे वक्ष का चुन-चुन
निगलता जा रहा है;
और कोई कुछ नहीं कह पा रहा है।

अर्थ इसका, मर्म इसका
जब न कुछ भी समझ पड़ता
बुद्ध को ला खड़ा करता –
दृश्य ऐसा देखते होते अगर वे
सोचते क्या,
कल्पना करते न करते,
चील-चिड़िया के लिए,
मेरे लिए भी किस तरह के
भाव उनके हिये उठते।

शुद्ध,
सुस्थिरप्रज्ञ, बुद्ध प्रबुद्ध ने
दिन-भर बुभुक्षित चील को
संवेदना दी,
तृप्ति पर सन्तोष
उनके नेत्र से झलका,
उसी के साथ
चिड़िया के लिए संवेदना के
अश्रु ढलके,
आ खड़े मेरे बगल़ में हुए चल के,
प्राण-तन-मन हुए हल्के,
हाथ कन्धे पर धरा,
ले गये तरु के तले,
जैसे बे-चले ही पाँव मेरे चले !

नीचे तर्जनी की,
बहुत-से छोटे-बड़े, रंगीन,
कोमल-करुण-बिखरे-से
परों से,
धरणि की धड़कन रुकी-सी हृत्पटी पर,
प्रकृति की अनपढ़ी लिपि में,
एक कविता-सी लिखी थी !

खून के छापे

सुबह-सुबह उठकर क्या देखता हूँ
कि मेरे द्वार पर
खून रँगे-हाथों के कई छापे लगे हैं !

और मेरी पत्नी ने स्वप्न देखा है
कि एक नर-कंकाल आधी रात को
एक हाथ में खून की बाल्टी लिये आता है
और दूसरा हाथ उसमें डुबोकर
हमारे द्वार पर एक छापा लगाकर चला जाता है;
फिर एक दूसरा आता है,
फिर दूसरा, फिर दूसरा, फिर दूसरा··· फिर···

यह बेगुनाह खून किनका है
क्या उनका
जो सदियों में सताये गये
जगह-जगह से भगाये गये,
दुख सहने के इतने आदी हो गये,
कि विद्रोह के सारे भाव ही खो गये,
और जब मौत के मुँह में जाने का हुक्म हुआ,
निर्विरोध, चुपचाप चले गये
और उसकी विषैली साँसों में घुटकर
सदा के लिए सो गये।
उनके रक्त की छाप अगर लगनी थी तो
किसके द्वार पर ?

यह बेज़बान खून किनका है
क्या उनका
जिन्होंने आत्माहन शासन के शिकंजे की
पकड़ से, जकड़ से छूटकर
उठने का, उभरने का प्रयत्न किया था
और उन्हें दबकर, दलकर, कुचलकर
पीस डाला गया है।
उनके रक्त की छाप अगर लगनी थी तो
किसके द्वार पर ?

यह जवान खून किनका है
क्या उनका
जो अपनी माटी का गीत गाते,
अपनी आज़ादी का नारा लगाते,
हाथ उठाते, पाँव बढ़ाते आये थे
पर अब ऐसी चट्टान से टकराकर
अपना सिर फोड़ रहे हैं
जो न टलती है, न हिलती है, न पिघलती है।
उनके रक्त की छाप अगर लगनी थी तो
किसके द्वार पर ?

यह मासूम खून किनका है
क्या उनका
जो अपने श्रम से धूप में, ताप में,
धूलि में, धुएँ में सनकर, काले होकर
अपने सफ़ेद-खून स्वामियों के लिए
साफ़ घर, साफ़ नगर , स्वच्छ पथ
उठाते रहे, बनाते रहे,
पर उन पर पाँव रखने, उनमें पैठने का

मूल्य अपने प्राणों से चुकाते रहे।
उनके रक्त की छाप अगर लगनी थी तो
किसके द्वार पर?

यह बेपनाह खून किनका है
क्या उनका
जो तवारीख़ की एक रेख से
अपने ही वतन में जलावतन हैं,
जो बहुमत के आवेश पर
सनक पर, पागलपन पर
अपराधी, दण्ड्य और वध्य
क़रार दिये जाते हैं,
निर्वास, निर्धन, निर्वसन,
निर्मम क़त्ल किये जाते हैं।
उनके रक्त की छाप अगर लगनी थी तो
किसके द्वार पर?

यह बेमालूम खून किनका है
क्या उनका
जो एक उगते हुए राष्ट्र की
पलकों पर झूले थे, पुतलियों में पले थे,
पर लोभ ने, स्वार्थ ने, महत्त्वाकांक्षा ने
जिनकी आँखें फोड़ दी हैं,
जिनकी गर्दनें मरोड़ दी हैं।
उनके रक्त की छाप अगर लगनी थी तो
किसके द्वार पर?

लेकिन इस अमानवीय, अत्याचार, अन्याय
अनुचित, अकरणीय, अकरुण का

दायित्व किसने लिया।
जिसके भी द्वार पर ये छापे लगे उसने
पानी से धुला दिया,
चूने से पुता दिया।
किन्तु कवि-द्वार पर
छापे ये लगे रहें,
जो अनीति, अति की
कथा कहें, व्यथा कहें,
और शब्द-यज्ञ में मनुष्य के कलुष दहें।
और मेरी पत्नी ने स्वप्न देखा है
कि ये नर-कंकाल
कवि-कवि के द्वार पर
ऐसे ही छापे लगा रहे हैं,
ऐसी ही शब्द-ज्वाला जगा रहे हैं।

गैंडे की गवेषणा

[एक आत्म वक्तव्य]

"गैंडे की गवेषणा आदमी के लिए महादुःख"

सरहपाद – 'दोहा कोश' *(राहुल)*

अहं ! अहं ! अहं !
थलचरो ! जलचरो ! नभचरो !
चरो ! अचरो !
सब सुनो !
मैं अपने अहं की उद्‌घोषणा करता हूँ।

यह मेरा जन्मजात गुण है
अहं में मेरा जन्म हुआ
अहं ने मुझे बढ़ाया
(बदला चुकाने में पीछे नहीं रहा,
मैंने अहं को बढ़ाया)
अहं ने मुझे जिलाया
(सहयोग देने में पीछे नहीं रहा,
मैंने अहं को जिया)
तुम सोच रहे हो,
आगे मैं कहूँगा,
और अहं ही मुझे मारेगा।
कोई अपने को भी मारता है ?
जिसे अपना अहं नहीं मारेगा
उसे कौन मारेगा ?

अहं अजर है !
अहं अमर है !!

मैं अपने गुण की उद्घोषणा करता हूँ।
'गुन प्रगटै अवगुनहिं दुरावै।'
अहं मेरा सहज स्वधर्म है।
मैं स्वधर्म की उद्घोषणा करता हूँ।
'स्वधर्मे निधनं श्रेयः'
पर जो स्वधर्म छोड़ता ही नहीं,
उसको निधन तोड़ता ही नहीं।
अहं अजर, अमर है,
अगर वही अपने को न मारे।
पर वह अपने मरने का सामान पैदा करता है,
यानी सन्तान पैदा करता है,
सन्तान से अधिक कोई अहं को नहीं तोड़ता।

मेरा बाप मूर्ख था
जो उसने मुझे पैदा किया,
इसी से वह मर गया।
मैं सन्तान नहीं पैदा करूँगा
पर यह नहीं कि नारी नहीं करूँगा,
अनुत्पादक कहलाऊँ,
नपुंसक नहीं कहलाऊँगा।
एक नारी करूँगा,
दो नारी करूँगा,
तीन नारी करूँगा,
ऊपर भी जाऊँगा।
नारी के समर्पण से अधिक
कोई अहं को नहीं बढ़ाता।
स्थायी दुनिया में कुछ भी नहीं,
जो बढ़ेगा नहीं वह घटेगा,
जो घटेगा वह मिटेगा,

मैं न-मिटने के लिए
कुछ भी करने में न हिचकूँगा।

जीना ही तो पहला धर्म है,
यानी अस्तित्व बनाये रहना।
दुनिया जैसी बनी है
उसमें कुछ मिटकर ही कुछ बनता है।
किसी का अस्तित्व मिटेगा,
तभी किसी का बनेगा।
और किसका अस्तित्व
सबसे अधिक महत्त्वपूर्ण है? –
मुझे दुबारा सोचना नहीं है,
अपना ! अपना !! अपना !!!

अपना अस्तित्व बनाये रखने को
सबका अस्तित्व मिटाना भी पड़े
तो भी नहीं झिझकूँगा।
लेकिन मिटा भी सकूँ
तो मैं उन्हें मिटाऊँगा नहीं,
उन्हें कम करके, घटा करके,
नीचा दिखा करके छोड़ दूँगा;
तुलना में अपने को उनसे अधिक,
उनसे बढ़कर, उनसे ऊँचा
सिद्ध कर ही तो मैं अपने अहं को
पोषित करता रह सकता हूँ।

मिटाने-मिटाने में
लोग मिट भी जाते हैं,
पर मैं? – मैं? मिटने को बना हूँ? –
देखते नहीं मेरा

महाभारी, महा भरकम शरीर,
जैसे हो अहं का सुदृढ़, सुमढ़, सुगढ़,
गढ़ के चारों ओर चौड़े-पक्के पुश्ते,
घन, ठस, दुर्भेद्य प्राचीर !
मेरे चरने-चोंथने के लिए है
जंगल की सारी घास,
पीने को है झील-भर पानी,
या करने को जल-क्रीड़ा, जल-विलास !
चलता है वतास
कि मैं ले सकूँ स्वच्छन्द साँस,
मेरी नाक की सींग पर
टिका है आकाश का आकाश,
दायित्व कितना बड़ा है मेरे ऊपर !
चन्द्र-दर्शन[1] के समय
मैं छिप जाता हूँ सिकुड़कर
कि मेरे सींग की खाकर टक्कर
कहीं गिर न पड़े वह भू पर !

इतना कुछ कहा है
तो खोल दूँ अब पूरा ही भेद,
मैं हूँ कर्ण का अवतार
सबूत में, देखते नहीं
आया हूँ शरीर पर कवच धार।
दानी के तीन गुन –
दे, न दे, देकर ले ले।
कवच ले लिया,
कुण्डल रहने दिया।
'अर्द्ध तजहिं बुध सर्वस जाता।'
कुण्डल काम भी क्या आता।

यहाँ सबको है आजादी
करें खयालों का इजहार,
होती है सभाएँ,
निकलते हैं जलूस,
चिपकाये जाते हैं इश्तहार,
छापे जाते हैं अखबार,
यानी हर तरफ से होता है वार।
अगर लेकर न आता इतनी मोटी खाल,
जीना होता बहुत दुश्वार।
दुनिया में है
बहुत से मत, मतान्तर,
बहुत से आद-वाद,
पर सबसे ज्यादा काम का है गैंडावाद,
(यानी बेहयावाद)
जिसकी अनुयायी हैं सब सरकारें,
सब संस्थाएँ सब स्कूल, सब उस्ताद,
कोई करता रहे कितनी ही आलोचना, प्रालोचना,
परालोचना, प्रत्यालोचना, समालोचना, कितने ही वार,
तुम चले जाओ अपनी ही चाल,
करे जाओ अपनी ही बात,
किये जाओ अपना ही गुण-गान;
'रसरी आवत जात ते सिल पर परत निसान।'

1 *"चन्द्र-दर्शन के समय गैंडा सिकुड़ छिपै"– 'दोहा कोश' (राहुल)*

कोल्हू के बैल का विद्रोह

हाँ...... हाँ......
एकाएक
हो गया है क्या तुझको,
गर्दन टेढ़ी कर,
कन्धे से फेंक जुए को,
कूद लीक से,
दूँक-दूँककर
खूँद खुरों से नीचे की धरती,
ऊपर को पूँछ उठाता,
जैसे हो विद्रोह पताका !

समझ गया मैं,
समझ गया तेरा भिन्नाना,
आँखों पर मजबूरी की पट्टी बँधवाना,
एक दिशा में,
एक चाल से,
जुआ उठाये,
चः – चः सुनते,
कभी-कभी चाबुक भी सहते,
चलते जाना, चलते जाना, चलते जाना,
हर प्रभात को रात बनाना,
पट्टी खुलने पर अपने को
अपने घर के ही
परिचित खूँटे पर पाना,

लक्ष्यरहित लगनेवाले
इस जीवन के क्रम को दुहराना,
रोज़-रोज़, सालहा-साल, यों
उम्र मुकाना,
और किसी दिन बस मर जाना...
इस प्रकार अभिशप्त भाग्य
विद्रोह कर उठे
तो अचरज क्या !
समझा, समझा –
उन ध्वनियों-प्रतिध्वनियों को भी
पढ़े-लिखे जो
चौराहों पर उठा रहे हैं –
जग के चालक
ईश्वर का अस्तित्व नहीं है कहीं,
सृष्टि में किसी प्रयोजन का कोई अस्तित्व नहीं है,
जो कुछ होता है वह घटना-चक्र-प्रवर्तन,
है अस्तित्व-सचेत यहाँ पर केवल मानव,
जिसको अपना जीवन जीना
इतना ही बे-मतलब जितना
चोटी पर चट्टान चढ़ाने में
सिसिफ़स का ख़ून-पसीना !
नहीं समझ में आता कैसे
बा-मतलब समझा जाता है इस आशय का शोर मचाना,
जिसे कला का पहनाया जाता है बाना !

और शोर वह,
देख रहा हूँ,
तुझपर अपना असर दिखाता।
तू उनकी बातों में आता।

मेरी भी सुन,
व्यर्थ नहीं है
तेरा यह श्रम-चक्र, न मेरा।
तेरी आँखों पर से पट्टी हटा रहा हूँ,
शीश झुकाकर देख
तेल जो निकल रहा है,
स्वर्ण वर्ण का,
जिससे होता दूर अँधेरा,
कितने घर, कितनी झोंपड़ियों में
माटी के दिवले जलते,
जिनके उजियारे में धनिया
धान पकाती,
होरी अपनी गोरी का घूँघट सरकाता,
होरिल अपनी माँ का आँचल।
दीपक की लौ से जोड़ा है
मानवता ने कितना नाता !
कितना नाता !

हम दोनों ही
नहीं चक्र में पड़े हुए हैं,
सुख-दुख, श्रम-विश्राम,
आगमन-विदा,
दिवा-निशि-दिवा-चक्र में,
सारी जगती पड़ी हुई है।
घूम रही है पृथ्वी,
सूरज, चाँद, सितारे,
सात आसमाँ
नाच रहे हैं;
कोई उनको हाँक रहा है

उनके पीछे
वज्र-दण्ड मुट्ठी में धारे,
कोई कहीं न रुकने पाये।
इस ध्रुव-चालित महायन्त्र से
जो होता है द्रवित
अकल्पित जो होता उसके उजियारे !···
पशु-मानव की बुद्धि से परे।
इसीलिए तो,
'अस ध्रुव-चालित-चक्र महिं जो नहिं परत सुभाय,
सो भोगी, पापी मरत जीवन व्यरथ बिताय।'
व्यर्थ मत, साथी, बिदको;
छोड़ो जिद को;
जुआ उठाओ;
महायन्त्र के अल्प अंग-से
चलते जाओ, चलते जाओ।
चरैवेति, चरैवेति !

ताल-तट पर

बहुत दिन बीते
टहलते अनमने-से
उस उनींदे ताल-तट पर
हम अचानक आ खड़े थे।

और तुमने प्रश्न पूछा,
"प्यार क्या है?"
घर-गली-दीवार-दर से दूर जैसे
नील नभ के तले,
पानी के निकट
इस प्रश्न का उत्तर सहज हो।

जल उठा था प्रश्न
नस-नस में तुम्हारी
और मेरी हर शिरा में
मौन उत्तर तप रहा था।

निर्वसन हो
ताल में हम धँसे,
ले-ले डुबकियाँ
मथने लगे जल
और निकले शान्त-शीतल।

बहुत दिन के बाद
अनजाने टहलते

उसी नीले और गहरे ताल-तट पर
हम खड़े थे।

और तुमने प्रश्न पूछा,
"प्यार क्या है?"
आँख में, आवाज़ में
कोई कुतूहल न था।
कोई थी प्रतिध्वनि
याद जो ध्वनि की जगाकर
सो गयी हो।

मौन
उल्टे पाँव
बीते स्वप्न के धुँधले नगर में
रहा चलता, रहा चलता...
ठहर !
पीछे एक पग रक्खा
कि गहरे में गिरेगा।
ताल के तट पर झुके हम
स्वच्छ जल में
स्वच्छ बिम्बित हो रहे थे।
पाँव से मैंने दिया हिलकोर पानी;
हिली छायाएँ,
मिलीं, कहने लगीं कुछ
जिसे कर पाती नहीं है व्यक्त वाणी !

वसीयतनामा

समझदार व्यवहार-कुशल हैं,
और तजुर्बेकार बड़े हैं,
दुनिया के मामले-मुकदमे बहुत
तै किये, लड़े और हारे-जीते हैं,
मेरे औ' मेरे कुटुम्ब के भी शुभचिन्तक,
कभी-कभी मुझसे कहते हैं,
"साठ हो चुके,
जीवन का कुछ नहीं भरोसा,
यों भगवान करे सौ बरस रहो तुम जीते,
अच्छा होगा,
एक वसीयतनामा अपना तुम लिख डालो
और करा दो रजिस्टरी भी उसकी पक्की,
जिससे लड़कों को न पड़े झंझट में फँसना,
औ' न उठानी पड़े परेशानी पाने में जो हक उनका।
अब कानून-कचहरी ऐसी
बेटे को भी सही बाप का बेटा साबित करने में दिक्कत होती है।"

मै गालिब का शेर गुनगुनाकर
उनको उत्तर देता हूँ,
"मैने सब तस्वीरेबुताँ दिल में रक्खी है
और हसीनों ने खत वापस माँग लिये हैं,
शायद भावों की अतिशयता पर शरमाकर ;
यह मोटो मैने अपने आगे रक्खा था –
पूत सपूत तो क्यों धन संचै

पूत कपूत तो क्यों धन संचै –
और किया जो संचय मैंने मूल्यवान,
ग्रन्थों, अद्‌भुत पत्थरों, विखण्डित प्रतिमाओं या कला-शिल्प की
कुछ कृतियों को छोड़,
उन्हीं का जो उनके अधिकारी होंगे।
मेरे बेटे,
बेटे होने से, मेरे उत्तराधिकारी नहीं बनेंगे,
जो मेरे उत्तराधिकारी होंगे मेरे बेटे होंगे।"

पाँच पीढ़ियाँ

बाबा उसको कविता समझते थे
जो क्लिष्ट हो, संस्कृत-निष्ठ हो,
शिष्ट हो, विशिष्ट हो;
और उसके विषयों में
ऋषि हो, राजा हो, आश्रम हो, राजमहल हो.
रंगभूमि हो, रणस्थल हो।

पिताजी उसको,
जो कटी-छटी हो, बनी-सँवरी हो,
अजनबी हो, भेद-भरी हो;
और उसके रूपकों में
स्वर्ण-रजित रश्मि, पुष्पवास हो,
लहर-सिन्धु, इन्द्रधनुष हो, अनन्त आकाश हो।

मैं उसको कविता समझता था
जो स्वाभाविक हो, सहज हो,
परिचित-सी, सजीव हो, सजग हो;
और उसके प्रतीकों में
अश्रु-स्वेद-रक्त हो, हाला हो, हलाहल हो,
अकेलापन हो, मेला हो, जग का रँगरेला हो।

मेरे लड़के उसको कविता समझते हैं
जो नंगी हो, बदरंगी हो, हरहठ हो,
भद्दी हो, अश्लील हो, मुँहफट हो;
और उसके बिम्बों में

नाबदान हो, नागफनी हो, खड्ड-खँडहर-भूत हो,
भ्रूण, सड़ी लाश हो, ग़लीज़ हो, थूक-मल-मूत हो !

पाँचवीं पीढ़ी के लिए चिन्तित हो ?
कुछ अजब नहीं कि तब बाबा की पुनरावृत्ति हो।

गन्दा शहर

देखा, शहर का शहर
गन्दा है,
कोई नाक भी नहीं सिकोड़ता,
लोग़ बदबू के हो गये हैं
इतने आदी !

मैंने अपना घर बुहारा,
झाड़ा, पोंछा, साफ़ किया,
रोशनदान खोल दिये,
सामान करीने से लगा दिया,
मेज़-कुर्सियाँ, किताबें
तरतीब से सजा दीं,
दरी तरीके से बिछा दी,
फिर नहा-धो, कपड़े बदल
सलीक़े से बैठ
एक अगरबत्ती जला दी।

जमाने के बुद्ध-ऊ

यह धन-राशि
दाँत निपोरकर माँगी,
हाथ फैलाकर पायी,
ऋण-रूप उठायी –
जिसे न चुकाने की मीयाद
न अदा करने का दबाव ;
श्रम-स्वेद-रक्त से अनर्जित –
बेदर्दी से लूटी जाने को है।
तुम न लूटोगे,
कोई और लूटेगा।

यह चन्दा
करुणा और कर्त्तव्य की भावना जगाकर
भूचाल-अकाल बाढ़-पीड़ितों के नाम पर,
घायल सिपाहियों,
बीमार साहित्यकारों,
मृत नेताओं की यादगारों के लिए –
देवताओं के निहोरे अब कौन देगा –
कहीं उगाहा,
कहीं एकत्रित,
बेरहमी और चालाकी से खाया जाने को है।
तुम न खाओगे,
कोई और खायेगा।

यह पद,
यह पुरस्कार,

यह अलंकार –

तुम अपना गुण,
अपनी योग्यता,
अपने अधिकारी होने का अहंकार
लिये बैठे रहोगे बुद्ध-ऊ-से, भगवतदत्त,
और कोई अपनी खुशामद, बरामद,
पहुँच, प्रभाव, दबाव,
प्रचार, बिलरिया दण्डवत के बल पर
चट से ले जायेगा।

स्वप्न और सीमाएँ

मेरे हाथ छोटे ही छोटे रह गये
तो दोष मैं किसे देता?
माता-पिता को?
वे मेरे जननी-जनक थे,
मेरे सिरजनहार तो नहीं थे।

संस्कार कानों में कहते रहे,
तुम अपने सर्जक हो,
दोष दो अपने ही पूर्व जन्म-कर्मों को;
जो तुम हो
उसके लिए स्वयं उत्तरदायी हो।

आधे सन्देह
और आधे विश्वास बीच
कीच में फँसी हुई-सी मेरी बुद्धि अपरिपक्व
कभी-कभी कहती रही,
क्वचित भाग्य ही न कहीं
मेरा निर्माता हो –
जिसके हैं कान नहीं, जीभ नहीं, आँख नहीं।

और आँख दो-दो रख
वामन के हाथ मैंने
उठा लिया धन्वा एक
ढीली-सी ताँत का;
कैसी थी विडम्बना ! –

कर्म एक भाग्य-जना

भाग्य एक कर्म-जना

दूर लक्ष्य
उच्च लक्ष्य
गगन लक्ष्य मुझको ललचाते रहे,
और मेरे वामन कर
जोड़-जोड़ ढीली-सी डोरी पर ढीला शर
भूमि पर चुआते रहे।

स्वप्न रहा –
दण्ड-हस्त मुट्ठी में ग्रस्त चाप,
चुटकी में दबा हुआ बाण-मूल
अग्रशूल,
प्रत्यंचा खिंची हुई
कोण बनी हुई
कर्ण-स्पर्श प्राप्त
तदनुकूल
सुता, कसा, तना हुआ सब शरीर,
लक्ष्य साध मुक्त तीर,
मानो हो क्रुद्ध मन महर्षि शाप !

कड़ुआ पाठ

एक दिन मैंने प्यार पाया, किया था,
और प्यार से घृणा तक
उसके हर पहलू को एकान्त में जिया था,
और बहुत कुछ किया था,
बहुत कुछ सहा था,
जो मुझसे भाग्यवान-अभागे करते हैं, भोगते हैं,
मगर छिपाते हैं;
मैंने छिपाये को शब्दों में खोला था,
लिखा था, गाया था, सुनाया था,
कह दिया था
गीत में, काव्य में,
क्योंकि सत्य कविता में ही बोला जा सकता है।

निचाट में अकेला खड़ा वह प्रासाद
एक रहस्य था, भेद-भरा, भुतहा;
बहुतों ने सुनी थी
रात-बिरात, आधी रात
एक चीख़, पुकार, प्यार की मनुहार,
मदमस्तों का तुमुल उन्माद, अट्टहास,
कभी एक तान, कभी सामूहिक गान,
दुखिया की आह, चोट खाये घायल की कराह,
फिर मौन (मौन भी सुना जा सकता है)
पूछता-सा क्या, कब, कहाँ, कौन, कौन, कौ··· न··· ?
मैं भी भूत हो जाऊँ, उसके पूर्व सोचा,

एक पारदर्शी द्वार है जो खोला जा सकता है।
भूतों का भोजन है भेद, रहस्य, अन्धकार;
भूतों का असह्य उजियार,
पार देखती आँख,
पार से उठता सवाल।
भूतों की कचहरी भी होती है।
हो चुका है मुझसे अपराध,
भूतों का दल तन्नाया-भिन्नाया, मुझ पर टूट
माँग रहा है मुझसे
अपने होने का सबूत।

दरिया में डूबता सूरज,
झुरमुट में अटका चाँद,
बादल से झाँकते तारे,
हरसिंगार के झरते फूल,
दम घोटती-सी हवा,
विष घोलती-सी रात,
पाँवों से दबी दूब,
घर, दर, दीवार,
चली, छनी राह,
पल, छिन, दिन, पाख, मास –
समय का सारा परिवार –
मूक !...
मेरे शब्दों के सिवा कोई नहीं है मेरा गवाह !
मैंने महसूस कर ली है अपनी भूल,
सीख लिया है कड़ुआ पाठ,
पारदर्शी द्वार नहीं खोला जा सकता है।
सत्य कविता में ही बोला जा सकता है।

शब्द-सम्बन्ध

मैंने अपना दुख-दर्द, तुमसे नहीं,
लेखनी से कहा था;
अगर उसने तुम तक नहीं पहुँचाया
तो मैं तुम्हें दोष नहीं देता।
मैंने अपना दुख-दर्द, तुमसे नहीं,
काग़ज़ से कहा था ;
अगर तुमने मुझे नहीं समझा
तो मैं तुम्हें दोष नहीं देता।
मैंने अपना दुख-दर्द, तुमसे नहीं,
शब्दों से कहा था;
अगर तुमने मुझे संवेदना नहीं दी
तो मैं तुम्हें दोष नहीं देता।
मैंने अपना दुख-दर्द, तुमसे नहीं,
काली रातों से कहा था,
गूँगे सितारों से कहा था,
सूने आसमानों से कहा था;
अगर उनकी प्रतिध्वनि
तुम्हारे अन्तर से नहीं हुई
तो मैं तुम्हें दोष नहीं देता।
मुझे मालूम था
कि एक दिन
मेरी वेदना का साथ मुझसे छूटेगा,
लेकिन मेरे शब्दों से
मेरी वेदना का सम्बन्ध कभी नहीं टूटेगा।

सृजन के क्षण

जब मैंने तुम्हें प्यार किया –
तुम्हारे जवा-कुसुम-केशों में उँगलियाँ फेरीं,
तुम्हारे अधरों को अपने होंठों से कसा,
तुम्हारे वक्षोजों में अपना मुँह गड़ाया,
तुम्हारी छाती में अपनी छाती की धड़कनों का प्रत्युत्तर पाया,
एक की तुम्हारी काया से अपनी काया,
और अपना सम्पूर्ण व्यक्तित्व-अस्तित्व
वात्सल्य से सेने के लिए
तुम्हारे गर्भ के पालने में डाल
विस्मरण की शैया पर सो गया।

जब तुमने मुझे प्यार किया –
तुमने ऐसी आवाज़ लगायी
कि उसने मेरे प्राणों में
पहले कभी न सुने संगीत की प्रतिध्वनि जगायी,
तुमने मुझे ऐसे निहारा
कि मै अपने मन को हार –
कि मै सब कुछ तुम पर वार –
रह गया बनकर
सर्वस्वहारा।
और तुमने मेरे उस विस्मरण के क्षण में
अपने जवा-कुसुम-केशों से
मुझे ढँककर
मेरे ही अवदान को प्रेरणा बना, उसका

मेरे अन्तर में आधान किया –
प्रविष्ट जैसे एक बाण किया –
मानो 'तड़िदिव पीते
रवि विपरीते' –
मुझे हिरण्यगर्भ बनाया
और मैं
रक्तिम सृजन की प्रसव-प्रतीक्षा में
कवि हो गया।

दिलों पर लिखी

किसी कवि ने बहुत-सी कविताएँ
कागज़ों पर लिखीं,
जो एक से दूसरे पर,
दूसरों से बहुतों पर उतर
गड्डियों में बँध, टके-टके बिकीं,
कुछ पढ़ी, कुछ अधपढ़ी
कुछ समझी, कुछ अनसमझी
आलमारियों में पड़ी-पड़ी सड़ीं,
भूली-बिसरी, अनचाही, अनसराही मरीं
और एक दिन छपे कागज़ों के क़ब्रिस्तान में पहुँच गयीं –
जिसे तथाकथित सभ्यता की भाषा में
पुस्तकालय कहा जाता है –
उन पर फ़ातिहा कभी-कभी सुनी गयी
तो कोर्स में लगी किताबों में,
पेशेवर समालोचकों के की-नुमा निबन्धों में,
या डाक्टरी के लिए लिखे गये शोध-प्रबन्धों में।

पर कुछ पंक्तियाँ उसने, कागज़ों पर नहीं,
दिलों पर लिखीं,
जो किसी प्रेमिका के पत्र में उतर
किसी प्रेमी की छाती से लगीं,
जिन्होंने किसी सूनी अँधेरी रात में
किसी एकाकीपन के आँसू पोंछे,
जो किसी के श्रम-संघर्ष में

जिजीविषा की प्रेरणाएँ हुईं,
जिन्होंने किन्हीं हाथों में पड़ी हथकड़ियाँ
किसी क़दर ढीली कीं,
जो किसी अभागे के
मन प्राणों पर लगे घावों पर मरहम बनीं,
और जिन्होंने किसी थके-हारे, बेसहारे को सँभाला,
पर जिन्होंने किसी पर
अपने निर्माता का नाम-पता बताकर
उसके प्रति आभारी होने का भार नहीं डाला।

छिछले–गहरे

यह दर्पण-सा
शान्त जल का फैलाव
ऐसा मुखौटा है
जिसे लगाकर
छिछलापन और गहराई
दोनों अपनी सच्चाई
छिपा लेती हैं,
लगता नहीं पता
कि यहाँ है हाथी-डुबाव
कि यहाँ डुबा नहीं सकता अपनी पीठ
चले जो ऊदबिलाव।

पर सधी हुई आँखें
और सधे हुए कानों से
छिपता नहीं यह राज –

छिछलपन पलकों से टकराकर
अपने में ही लौट जाता है।

गहरापन पुतलियों को सहलाकर
अन्तर में उतर आता है।

छिछलपन से आती है आवाज़
जैसे हो छोटे मुँह की बड़ी बात।

गहरेपन से उठती है आवाज़
जैसे कोई ग़मज़दा
पढ़ रहा हो
नमाज़।

कवि का रक्त

मेरी बन्द मुट्ठियाँ देखकर
जिस-जिसने मुझसे पूछा,
'इनमें क्या है ?'
मैंने ईमानदारी से बताया,
'इनमें क्या है ?
इनमें कदम्ब का फूल है।'
और लोगों ने इस पर
सहज विश्वास कर लिया।

वह तो जब
मेरी मुट्ठियों से
रक्त की बूँदें चूने लगीं
तब लोगों ने मुझे अविश्वास की नज़रों से घूरा,
मुझसे कहा,
'मुट्ठियाँ तो खोलो।'
और जब मैंने मुट्ठियाँ खोलीं
तो उनमें
कँटकीला धतूरे का फल निकला।

मैं शरमाया,
मेरा झूठ पकड़ा गया,
मुझे अपने पर आश्चर्य हुआ,
क्योंकि मैंने अपनी आँखें खोलकर
कदम्ब का फूल अपनी मुट्ठियों में लिया था।
शायद मैंने अपनी भावातिशयता में

काँटे को फूल समझा,
पर काँटा, काँटा ही कैसे रह गया,
फूल क्यों नहीं बना,
उसने तो एक कवि का रक्त पिया था !

यह ज़िद्दी ज़िन्दगी

एक दिन
मैंने अपनी स्मृति की इमारत से
निकालकर फेंक दिया था सारा सामान –
भोगी-झेली सुख-दुख की पुरानी घड़ियाँ,
धूमिल-धुँधली-पड़ी तस्वीरें-बुताँ,
कीड़े-लगे, दीमक खाये हसीनों के ख़तूत,
मुहब्बतों के झूठे क़स्मे-वादे, झूठे सबूत,
शिकवे, शिकायतों की जिल्द – टूटी किताबें,
संघर्षों, आमर्षों, विमर्षों की बकवासी डायरियाँ,
और बहुत कुछ
अपनी बेढंगी ज़िन्दगी का
बेढंगा अंगड़-खंगड़, बेनामी अलमजार।
कर दिया था अपने को
ख़ाली, रिक्त, शून्य, सुनसान,
जैसे कोई अकेला मक़बरा
बसाये हो कोई वीरान।

पर अकेलेपन में भी आकर्षण होता है,
रिक्तता आसक्ति जगाती है,
सुनसान आवाज़ लगाता है,
ख़ालीपन खींचता है,
वैकुअम में बेतहाशा कशिश होती है।

और अब खिंचे चले आते हैं मेरे मक़बरे में
कौतूहली सैलानी,

एकान्त-शान्ति खोजी शायर,
अपनी मौन कल्पनाओं को मुखरित करते,
नये-नये प्रेम में पड़े युवा-युवतियों के जोड़े
अपने ख्वाबों की रंगारंग दुनिया सजाते,
निराश प्रेमी,
अपने ग़म और मातम का गीत गाते,
और भीड़-भाड़ जग-जंगल-जंजाल से ऊबे हुए इन्सान,
और उनकी बातों,
उनके ख़यालातों,
उनके जज़्बातों को
अनायास प्रतिध्वनित करते-करते –
शून्य हर साँस, हर स्वर
उसी तर्ज़, उसी तेवर से दुहराता है –
मैं फिर वही हो गया हूँ
जिससे नजात पाने को
मैंने अपनी सुधियों का घर वीरान किया था।

इस अनुभव का लगता है आघात
कि ज़िन्दगी से
ज़िन्दगी ही है नजात।

◆ ◆ ◆

कविताओं का संग्रह-सन्दर्भ और रचना-काल

प्रारम्भिक रचनाएँ (भाग 1-2)
(1929-'33)

मंगलारम्भ

कीर

आदर्श प्रेम

मधुशाला (1933-'34)

दस रुबाइयाँ

मधुबाला (1934-'35)

पाँच पुकार

मधुकलश (1935-'36)

पथभ्रष्ट

हलाहल (1936-'45)

दस पद

निशा निमन्त्रण (1937-'38)

है यह पतझड़ की शाम,
सखे

भीगी रात विदा अब होती

विश्व सारा सो रहा है

एकान्त संगीत (1938-'39)

अब खँडहर भी टूट रहा है

चढ़ न पाया सीढ़ियों पर

चाँदनी में साथ छाया

आकुल अन्तर (1940-'42)

चाँद सितारो, मिलकर गाओ

अरे है वह शरणस्थल कहाँ

हाय, क्या जीवन यही था

धार के इधर-उधर (1940-'56)

ओ मेरे यौवन के साथी

बंगाल का काल (1943)

अर्ध भूख का

सतरंगिनी (1942-'44)

जुगनू

निर्माण

कर्त्तव्य

सूत की माला (1948)

यह कौन चाहता है
बापूजी की काया

खादी के फूल (1948)

यह गाँधी मरकर पड़ा नहीं
है धरती पर

मिलनयामिनी (1945-'49)

मैं प्रतिध्वनि सुन चुका ध्वनि
खोजता हूँ

वह एक दिवस को आयी थी

हुई गुलाल मेघमाल अस्त
जब

प्रणय पत्रिका (1950-'54)

तुमको छोड़ कहीं जाने को

आज हृदय स्वच्छन्द नहीं
है

हो चुका है चार दिन मेरा
तुम्हारा